年 12 月 20 日発行　通算 381 号

ボランティア・市民活動を広げ、応援する！

ネットワーク
Network

NO.381　2022 年
12 月号

特集 あなたの“モヤモヤ”から社会を変える!?

ぷりっじの入り口風景。外で遊んだり夏は水遊びをすることも。

思い立ったが ボラ日《ジツ》

このコーナーでは、毎回一つの団体を取材し、活動内容やそこで活動するボランティアさんの生の声をお届けします。

好きから始めるボランティア活動 ～おでかけひろばぷりっじ@ｒｏｋａ～

岩本ゆりな（編集部）

ＮＰＯ法人せたがや子育てネットが運営する、世田谷区南烏山にある「おでかけひろばぷりっじ@ｒｏｋａ」（以下、ぷりっじ）に伺いました。ぷりっじは妊婦さんから未就園児の親子を対象としたひろば（地域子育て支援拠点）で、その他にも理由を問わない一時預かりや地域子育て支援コーディネーターによる相談活動なども運営しています。

今回は、ひろばでボランティア活動を1日体験しました。たくさんの可愛い子どもたちとそのお母さん、そして優しいスタッフの皆さんと過ごした1日やこの体験で感じたことなどをレポートします！

ぷりっじの午前中

朝10時に一時預かりの男の子が来所して、ぷりっじのスタートです。普段は泣いてお母さんと別れるそうですが、この日は泣かずにすんなりとおもちゃ箱に一直線。お母さんもスタッフの皆さんも驚いていました。早速、ボランティアとして一緒に電車遊びやおままごとで遊んでいると、親子が続々と嬉しそうに来所してきました。子どもたちはお目当てのおもちゃを一生懸命に探します。大人の私が見ても楽しそうで遊びたくなってしまうようなおもちゃや、おままごとセット、絵本がたくさんあって誰もがわくわくする環境があるのが、ぷりっじだと感じました。みんなの前で得意げにでんぐり返しを披露する子がいれば、それを真似してみたり、でんぐり返しの成功を祝うように元気いっぱいの可愛いダンスを披露したりと、子ども同士の可愛いコミュニケーションがあったり、おもちゃの取り合いで泣いたり怒ったり。子どもたちがたくさん集うからこそ生まれる交流をお母さんやスタッフの皆さんが微笑ましく見守っていました。たとえおもちゃの取り合いで他の子どもを泣かせてしまってもお母さんは謝らなくていい、泣いて怒って、子どもたち自身でコミュニケーションを学んでいるようです。あっという間にお昼の時間になり、午前の部に来所した親子ともお別れの時間です。

ぷりっじで過ごすお昼

コロナ禍前は1日通してぷりっじを開放し、お昼もスタッフ、ボランティア、親子の全員で楽しく食べていたようですが、今は感染症対策で午前の部と午後の部に分かれてぷりっじを運営しています。それぞれ

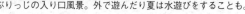

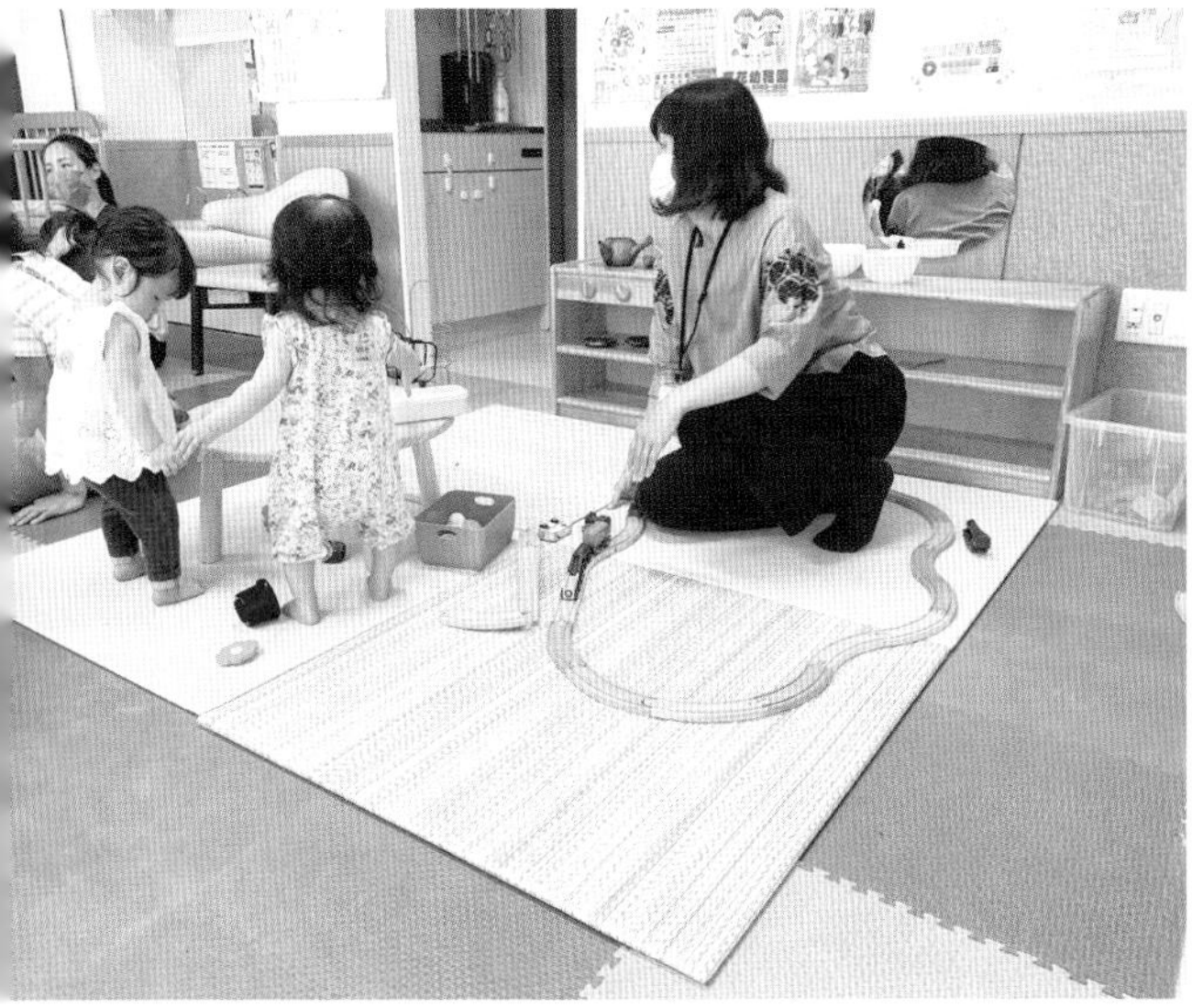

ども同士でさらに遊びが広がります。

たくさんのおもちゃに目移りしながら様々な遊び方で一緒にあそびます。

の部の間の清掃・消毒やおもちゃの使い分けなど、利用する子どもたちが安心して楽しく遊べるようにしていました。午前の部を振り返ったり、午後はどんな人が来るのか想像してみたりしていると、何か不安なことがないかなど、スタッフの皆さんは優しく丁寧に聞いてくださいました。

ぷりっじの午後

一時預かりの子と楽しく遊んでいると、続々と親子が午後の部に来所です。この日は午前の部と違って、午後の部には生後5か月から1歳程度の赤ちゃんが多かったです。歩けるようになっている子はおもちゃを選ぶために一生懸命におもちゃ棚へよちよちと歩き、まだ歩けない子は寝転がりながらおもちゃを眺めたり噛んでみたり、それぞれの遊び方で楽しそうに過ごしていました。その子が好きなおもちゃは何かな、どんな遊び方なら楽しめるかなと考えながら一緒の時間を過ごしました。午後もあっという間に時間は過ぎて、親子ともお別れの時間です。たくさん一緒に遊んだ子とはハイタッチをしてお別れすることができました。最後に、ぷりっじの外にあるゴーヤカーテンでみんなとわいわい収穫祭をしたことも楽しい思い出となりました。

ぷりっじでのボランティア活動を体験して

私は子どもの頃から小さな子どもと遊んだり過ごしたりすることが好きでした。学生時代も子どもに関わるアルバイトをして、子どもとのコミュニケーションを楽しんだり学んだりしながら過ごしました。好きなことや興味のあることからボランティア活動をやってみるのは、気持ちのハードルもぐんと下がり、そして何より自分自身が楽しみながら活動できると感じました。

私自身がとても楽しくて幸せな1日を過ごしながら活動を終えることができ、さらに、お母さんから「たくさん遊んでくれてありがとう」との言葉をいただけたことが、とても嬉しく今でも心に残っています。

ぷりっじで過ごした1日を通して出会えた、可愛いお子さんたちとそのお母さん、そしてスタッフの皆さんに心からお礼を申し上げます。

おでかけひろばぷりっじ @ roka

子育てから始まる地域のコミュニティづくりのモデル事業として、地域に根差してNPO活動をしてきたせたがや子育てネットと、UR都市機構と地域の方たちの協力で運営しています。2010年5月よりスタートし、今年で12年目を迎えました。ひろばを一歩出ると、いろんな世代の方と出会える場、また緑もとても多く、外遊びも楽しめる自然豊かな環境です。子どもの視点に立ち、子どもや親の成長を地域の中でともに喜べる仲間と出会い、社会全体で子育てできるあたたかい場を、みんなで作っています。

所在地：世田谷区南烏山2-30-11
UR芦花公園団地11号棟1階

この日のひとコマ

今回の取材のために、午後の部ではみんなで輪になった自己紹介タイムを設けてくださいました。この時間をきっかけに、保育園入所の話題でお母さんたちは盛り上がり、情報交換の時間に。スタッフの皆さんは兄弟姉妹のことも知っているので、お母さん同士のつなぎ役として話を振っていたのが印象的でした。妊婦さんにはお兄ちゃん・お姉ちゃんになる子に対する接し方や一時保育の情報を伝えたりも。親子の状況を知っているからこそ気軽で温かい雰囲気の中で、話や相談をすることができるのがぶりっじだと思いました。

ボランティア活動の前と後

ボランティア参加者はぶりっじが始まる前に、その日の活動目標をたてます。私は目標として「子どもたちやお母さんとたくさん会話を楽しんで、みんなが笑顔で過ごせるようにしたい」としました。

ぶりっじ終了後に活動の振り返りです。スタッフの方とお話ししながら１日の活動を振り返ります。朝たてた目標に少し近づけたと思いますが、まだまだだなと感じました。だからこそ、また活動に参加したいという思いも芽生えました。

これからも続く縁

ぶりっじは、当センターで主催する夏の体験ボランティア事業（以下、夏ボラ）の受入団体であり、ようやく対面ボランティアプログラムを再開できた今年は６人の参加者を受け入れてくださいました。そして今回、体験に伺った日には、３年前の夏ボラ参加がきっかけで今もぶりっじでボランティア活動に参加している大学生のＭさんもいらっしゃいました。私は夏ボラも担当しているので、夏ボラがきっかけで今も団体と繋がる縁にとても嬉しく思いました。最後にお世話になったスタッフの皆さん、Ｍさんと一緒に集合写真も撮りました。

ボランティアとともに

ボランティアを積極的に受け入れてくださる理由として、「いろんな世代の方たちと親子が関わることにより、親も子もたくさんの経験、仲間ができ、世界が広がり、日々の生活が豊かになる。いろんな方たちがひろばに来てくれることで、地域にはたくさん見守ってくれる人がいると親子が知ることができるから」とおっしゃいます。また、「ボランティアに来てくれる人も、その人らしく、親子との時間を楽しんで過ごしてもらい、できれば、何度もあそびに来てもらい、ボランティアさんにとっても居場所になれたら」と教えていただきました。ぶりっじは、いつでも、ずっと笑顔いっぱいの場所です。

ボランティア・市民活動を広げ、応援する！
ネットワーク
Network
NO.381 2022年
12月号

Contents
もくじ

深める
ボランティア・市民活動に役立つ視点や情報をお届けします。

特集 あなたの“モヤモヤ”から社会を変える!?

知る
ボランティア・市民活動のさまざまな形やボランティアに一歩ふみだすヒントを、ご紹介します。

特集

あなたの“モヤモヤ”から社会を変える!?

日常の暮らしで、「これって、ちょっとおかしくない？」「プチ理不尽な気がする」「私はそうじゃない方がいいのだけど……」など、モヤモヤしたことはありませんか？ それに対して、「自分がわがままなのかもしれない」「たいしたことじゃないから我慢しよう」などと胸に収めてしまったり、「誰かが言ってくれないかな」と待ち続けていたり、あるいは一人で解決しようとして失敗した…といった経験がある人も少なからずいるのでは？

一方で、身近な人に話したり、SNS でつぶやいてみたら、同じ気持ちの人たちがいることがわかり、そうした人たちとつながって一緒に声を挙げることができた、という人たちもいます。今回は、日常生活のなかで感じるモヤモヤから自分の気持ちをいかに伝え、より豊かで希望のある社会にしていくか、インタビューや本を通してそのヒントを探ります。

インタビュー

「学校で地球にやさしい電力を使いたい」と声を挙げた高校生

～オンライン署名で、小さいけれど確実な一歩を踏み出した！～

写真提供＝ふきたろう

1人でモヤモヤを抱えてきたけれど、「この状況をどうにかしなきゃ！」と思ったときに、それを変える力になるのは仲間です。そして、その声をさらに大きくするために、一つの方法として署名があります。現在は、オンラインで署名収集ができるウェブサイト*1があり、世界中から署名を集めることも可能になりました。

オンライン署名を利用して、「変えたい」を「変えた」に前進させた高校生がいます。「ふきたろう」というハンドルネームで署名を集めた高校生にお話をうかがいました。

最初のモヤモヤ
～地球は大丈夫なのか？

――ふきたろうさんは、「学校で地球にやさしい電力を使いたい」というオンライン署名のキャンペーンを2021年に立ち上げました。そのきっかけとなった、最初のモヤモヤから聞かせてください。

モヤモヤの始まりは小学4年生頃です。当時、天気予報を毎日チェックしていたのですが、自分が園児だった頃と比べると気温が高い日が多くなっている気がして、地球は大丈夫なのかなと漠然と感じていました。地球温暖化について知ったのは5年生で、6年生のときに、あるスピーチコンテストで地球温暖化を題材にしてスピーチをしました。

――そのモヤモヤから、署名のキャンペーンに至るまでの過程を教えてください。

中学生のときは部活に打ち込んでいて、行動は起こしていないのですが、地球温暖化についてのモヤモヤは心にずっとありました。たとえば、私の中学校は指定のジャージがあったのですが、長ズボンのデザインが中学生から見るとダサくて買わない人が多く、校内では冬でもみんな半ズボンで過ごし、暖房の設定温度を高くしていました。さらに、私が中学3年生のときは、新型コロナウイルス感染予防のために、換気をしながら暖房をかけていたのです。指定の長ズボンをみんな履かないのだから、私服の長ズボンを許可して、暖房の設定温度を制限したらいいのではと考え、先生たちに意見書を提出するための調査として、生徒にアンケートを取ったり、自分のクラスで省エネの取り組みを行ったりしました。けれども、コロナ禍で休校になってしまって、実現には至りませんでした。

中学生の頃は、省エネに焦点をあてていたのですが、電力（パワー）

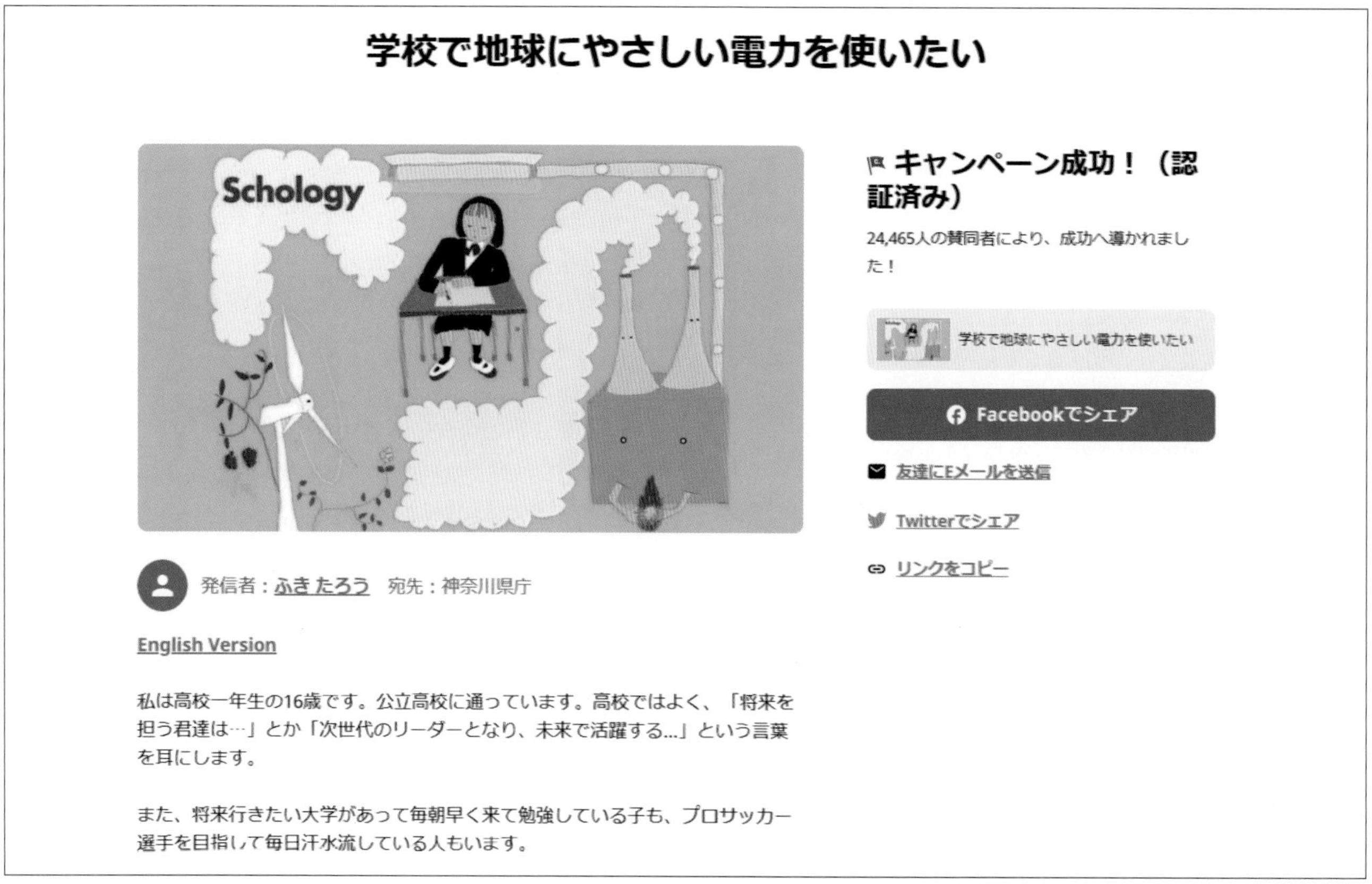
学校で地球にやさしい電力を使いたい
Schology
キャンペーン成功！（認証済み）
24,465人の賛同者により、成功へ導かれました！
学校で地球にやさしい電力を使いたい
Facebookでシェア
友達にEメールを送信
Twitterでシェア
リンクをコピー
発信者：ふきたろう　宛先：神奈川県庁
English Version
私は高校一年生の16歳です。公立高校に通っています。高校ではよく、「将来を担う君達は…」とか「次世代のリーダーとなり、未来で活躍する…」という言葉を耳にします。
また、将来行きたい大学があって毎朝早く来て勉強している子も、プロサッカー選手を目指して毎日汗水流している人もいます。

ふきたろうさんが立ち上げたChange.orgの署名ページの一部。Change.orgでは「『変えたい』気持ちを形にする」ために、「みんなで社会を動かす仕組み」として、オンライン署名を提供している。画像提供＝Change.org

の種類を、自然エネルギーを中心とした再生可能エネルギー（P13参照）に変える（シフトする）ことで、環境への負荷を減らすための、より大きなアクションになるのではないかと考え、パワーシフトを目標にすることにしました。そこで、高校1年生の秋に、親に頼んで自分の家の電力をパワーシフトしました。それまでは、化石燃料による発電で電力を供給している会社と契約していましたが、再生可能エネルギーを扱う会社に契約先を変更しました。

そうしたら、長い時間を過ごす学校も気になるようになりました。学校の事務室や神奈川県庁に問い合わせたところ、神奈川県が入札で電力会社を決めていることがわかったのです。地球温暖化問題を授業で学ぶ一方、値段の安い、化石燃料による発電で生み出されている電力を使っていることに違和感を覚えました。その状況を変えたいという気持ちがアクションにつながりました。

――自宅のパワーシフトにあたり、契約や工事などで大変なことはありましたか。

再生可能エネルギーを扱っている会社とインターネット上の契約だけで済み、自宅に太陽光パネルを設置するといった工事の必要もありませんでした。再生可能エネルギーを扱う会社のウェブサイトでは、電気料金のシミュレーションができるようになっています。各電力会社の比較サイトもあり、実質的に再生可能エネルギー100％で発電された電気を提供していたり、電力の一部を再生可能エネルギーにしているなど、一覧でチェックすることもできるので、電気料金や環境保全への貢献度などで、電力会社やプランを選ぶことができます。

オンライン署名にトライ

――学校のパワーシフトをめざして、オンライン署名を選んだ理由は？

家のパワーシフトは親に頼めばよかったのですが、学校の場合は県になります。私1人が県庁に乗り込んでいったところで、聞いていただける自信がありませんでした。同じ想いの声をたくさん集めたら受け入れていただけるのではと考えたときに、署名を思いついたのです。といっても、コロナ禍が続いていたので、街頭署名は難しい。ではZ世代*2らしくオンラインでやってみようと考えました。オンライン署名は、以前に同世代の人が呼びかけていたのを、記憶の片隅で覚えていました。

調べたら、Change.org（チェンジ・ドット・オーグ）*3というウェブサイトで無料のオンライン説明会があることを知り、参加しました。そこからはとんとん拍子で進みました。

Change.orgでは一つのキャンペーンに対して担当のスタッフの方をつけてくださって、その方とメールでやり取りをして進めていきました。私は何のノウハウもなかったのですが、担当の方が、呼びかけ文の校正や署名提出までの流れを指南してくださいました。私の想いを生かしていただき、温かくサポートしていただきました。

クラスの人たちに話して、相談に乗ってもらったり議論をしたりはしましたが、キャンペーンの立ち上げは1人で行いました。2021年、高校1年の3月のことです。

――不安や心配などはありませんでしたか?

あまり感じませんでした。万一、署名が集まらなくても、経験や学びになるだろうと思っていました。また、キャンペーン中には、私のTwitter上で批判されたこともありました。けれども、「高校生が何をでしゃばってるんだ」といった、そもそも論点がずれているものはまったく心に刺さりませんでした。一方で、論点がしっかりしている反対意見に対しては、「何かをより良くしたい」という思いは同じなので、自分がこれから活動していく中で障壁になることを先に提示してくれていると感じられたり、自分の視野が広がったりしたので、ありがたいコメントだと思っています。

――署名は2万4000筆余り集まり、それを2021年8月に神奈川県知事に提出されました。この署名の影響で、同年10月1日から神奈川県立川崎高等学校で再生可能エネルギーが導入されました。一歩前進しましたが、変化など何か感じられることはありますか?

再生可能エネルギーを一校で導入しただけでは温暖化の課題解決にはならないのはもちろんのこと、周りの認識が変わっていないと感じます。神奈川県では、2050年の脱炭素社会の実現に向けて、県有施設で使用する電力を再生可能エネルギー100%にする取り組みを進めていますが、それを知っている県民はわずかだと思いますし、再生可能エネルギーの導入について川崎高校の生徒の多くは知らないのではないでしょうか。

なので、今は、発信していくことの必要性を感じています。オンライン署名などをきっかけに、関係者とのネットワークや同世代の環境活動家の知り合いができ、このつながりを生かして周知や啓発にも力点を置いて活動していきたいなと思っています。今は受験生なので、十分には活動しづらいのですが、動画の制作によるPRの計画などもあったりします。

モヤモヤを感じたからこそ、変えられる!

――お話をうかがっていて、元気をいただけた感じがします。最後に、モヤモヤしているけれど、まだ動いていない方へのメッセージなどがあったらお願いします。

モヤモヤや違和感って、自分のメンタルにすごい負担がかかったり、苦しかったりすると思います。でも、それは同時に、周囲や社会を変える強力な原動力になるものだとも思うのです。モヤモヤを強く感じた人だからこそ、物事を改善できるのではないでしょうか。そのモヤモヤを解消するために、1人で動く必要はなくて、声を挙げてみたら同じ想いの人がいるかもしれないし、言われて気づく人もいるかもしれません。まずは、モヤモヤを声に出したり、誰かとモヤモヤを共有することで、物事が動いていくのでは…、そんな風に感じています。

――ありがとうございました。

*1 インターネット署名ともいわれ、ウェブサイトに設けられた署名フォームに名前やメールアドレスなどを入力して、送信することで登録を行う。広く拡散して、社会に周知したり、多くの署名収集が見込まれる一方、個人情報の漏洩や不正利用の危険性も指摘されている。

*2 明確な年齢の定義はないが、一般的には「1990年半ばから2010年代生まれの世代」を指す。著名な写真家や作家の作品タイトルとなった「Generation X（X世代）」が由来とされており、次の世代がY世代、その次がZ世代と呼ばれるようになった。

*3 オンライン署名収集ができるウェブサイトの一つ。地域や社会の課題解決のためのものが多い。

インタビュー

少しの勇気の積み重ねで世の中は着実に変わってきている

岸本英嗣
（公益社団法人 Marriage For All Japan - 結婚の自由をすべての人に）

多数派の声がよく通るのにくらべて、少数派の願いは無視されたりなおざりにされがちです。しかし、それをひとつずつ叶えていく努力もあり、その上に今の社会は形づくられてきました。一方でいまだ聞き届けられていない願い、これから変えていくべき課題も多数あります。

公益社団法人 Marriage For All Japan（マリッジフォーオール・ジャパン）事務局の岸本英嗣《ひでつぐ》さんにお話をうかがいました。

——団体の概要、目指していることや理念について教えてください。

私たちは、「結婚の平等」（いわゆる同性婚）の裁判を提訴した弁護団の弁護士を中心として、2019年に設立された団体です。当事者の方のほか、アライ[*1]として賛同してくださる方々、提訴当時からアドバイスをいただいているPRの専門家の方、ずっと草の根の活動をされてきた方などにも合流していただき、結婚の平等（同性婚）の実現をめざして、国会議員へのはたらきかけ、一般市民や企業の方々との連携などを目的として活動しています。

いま、いわゆる性的指向の多様性については、「数が多い少ないの差はあるものの、何かが違うというわけではない」という認識が世界的な流れだと思います。であれば、法律上同性の相手との結婚を望む方が結婚という制度から排除されているのは不平等なのではないか。結婚という選択肢がないことで、税金や保険、また社会的承認[*2]の面でも実質的な不利益を被っていたり、そもそも特定の方々が制度から排除されているということ自体「人権の問題」なのではないか、ということが活動の原点です。

もちろんたとえば法律上の同性同士であっても養子縁組をすれば法律的には家族になれて、相続を受けるようなこともできますが、それは、「同性愛者なんだから、結婚じゃなくてそれで我慢しなよ」というようなメッセージを日本社会が発しているということで、そのような社会のままで本当にいいんですか？ということだと思います。そうしたメッセージを日々受けとっている当事者の方々は「結局自分たちはこの社会では認められていない存在なんだな」と感じるのではないでしょうか。それが子どもであれば、「どうせ自分はその程度の存在なんだ」といった思いから自己肯定感が損なわれ、未来を描

■2022年11月30日の東京地裁判決

「同性婚に関する立法を怠った不作為のために婚姻の自由が侵害されている」などとして原告8名が国に賠償を求めた訴訟で、東京地裁は、同性同士のパートナーが家族になるための法制度が存在しないのは「同性愛者の人格的生存に対する重大な脅威、障害」であり違憲状態であるとの判断を示した。民法等の規定自体を違憲とはしなかったが、国会に法の整備を求めた形。原告側は「婚姻の法制化を前進させる判決」と評価し、同性婚実現まで諦めずに進む決意を表明した。今回の判決は同様の訴訟の3件目で、これまで札幌で「違憲」、大阪では「合憲」との地裁判決が出ている。また名古屋と福岡でも審理が継続中。

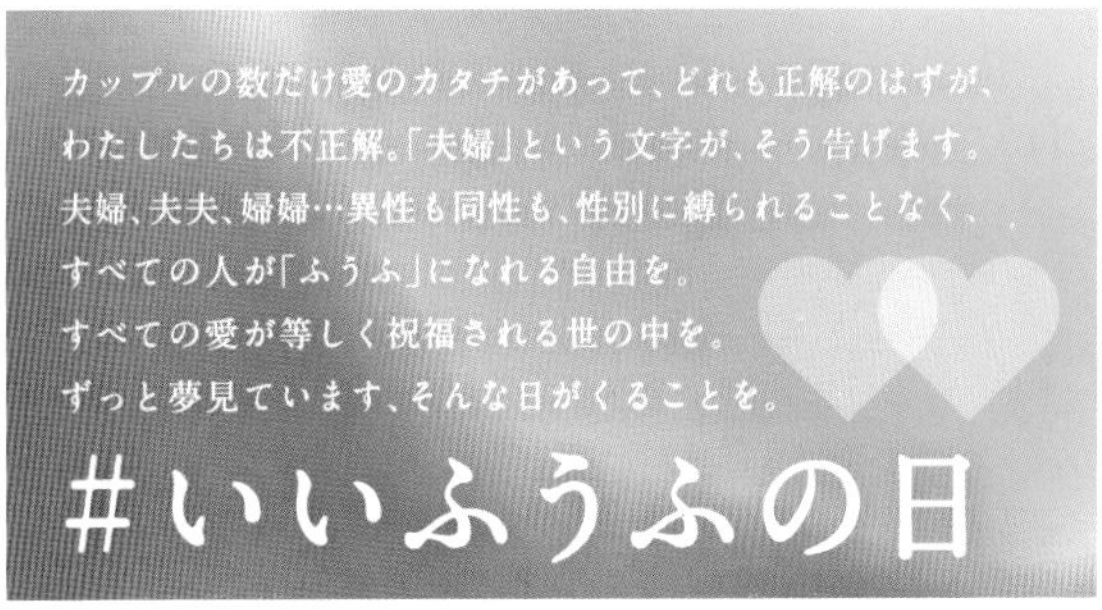
カップルの数だけ愛のカタチがあって、どれも正解のはずが、
わたしたちは不正解。「夫婦」という文字が、そう告げます。
夫婦、夫夫、婦婦…異性も同性も、性別に縛られることなく、
すべての人が「ふうふ」になれる自由を。
すべての愛が等しく祝福される世の中を。
ずっと夢見ています、そんな日がくることを。
#いいふうふの日

（上）いいふうふの日バナー。
（右）2021年3月、同性婚を認めないのは違憲との判断が国内で初めて示された（札幌地裁）。
※画像提供は全てマリッジフォーオール・ジャパン

くこともできなくなってしまう。そのような状況を少しでも減らしていくことが何より大事だし、ひいては社会のつよさにもつながっていくのではないでしょうか。

――どのような活動をされていますか。

国会議員の方々に対しては、有権者のなかにも当事者がいて、結婚の平等（同性婚）を求めているということを可視化していく、具体的には、国会議員の皆さんに面談を申し込み、当事者の生身の声を聴いていただくということを主にやっています。

私たちのいちばんのミッションは結婚の平等の実現（同性婚の法制化）ですが、最終的に国会内でどのようにして法案が了承されるか、といったところには直接は関与できません。ですので、当事者の皆さんの多様な声を国会議員の方の前までもっていくのが私たちの一番大事な仕事だと考えています。賛成いただける国会議員を1人でも増やすことを目標として取り組んでいます。

一般市民の方々に対しては、SNSで情報を発信したり、啓発イベントなどを開催しています。また、一般的には「いい夫婦の日」とされている11月22日を、ひらがなの「いいふうふの日」にしませんか、というキャンペーン[*3]を展開したりして、広く関心を持っていただけるように努めています。

最近は企業の方々との関わりにも力を入れていて、結婚の平等（同性婚）に賛同する企業[*4]を募っているほか、定期的にミーティングを開催して、他企業の先例などをシェアしたりする取組みを行っています。同性パートナーであっても、社内での休暇などについて、異性間の法律婚や事実婚と同じように扱いましょうといったことですね。また、経済界からも結婚の平等（同性婚）が要請されているんだとなれば、国会議員にとっても法制化へのインセンティブになると考えています。

それから、全国には多数の当事者団体・支援団体[*5]があります。声を集めることと、とくに地方ではカミングアウトできない、顔は出せないといった方もやはり多く、表に立って声を届ける役割が必要ということもあって、私たちの活動に賛同していただくなどの連携をとっています。

訴訟支援については弁護団と連携して行っています。とくに今は、11月30日に東京で初めての「結婚の自由をすべての人に」訴訟（同性婚訴訟）の第一審判決があるので、その内容が気になるところです（→予定どおり30日に判決が出た。詳細については上のカコミを参照）。

――同性婚はまだ実現していないものの、ゆっくりではあっても変化を感じます。以前とくらべると社会の様子はずいぶん変わりました。

先日、イベントに出展するかたちで1990年の「府中青年の家事件」[*6]に関する勉強会を開いて、当時の弁護士の方、当事者の方に話をうかがったんですが、やはり当時は今と比べものにならないくらい酷い偏見があったようです。そうしたなかで、それでも真剣に、誤解を恐れずに、何度も声を上げてきたというのは、私も聴いていて何度も泣いてしまいましたが、よほど怖いことだったと思います。弁護団も今では何十人もいますけど、当時は2人だけ。そのなかで「これは性的指向に基づく区別がおかしいんだ」ということをきちんと勉強して、それを論理に変えて闘った弁護士さんもすごいと思いましたし、その指摘を受け止めて判決を書いた裁判官も素晴らしいと思いました。1回目の裁判では全国からたいへんな数の支援者が集まってしまい、法廷で立ち見が許可された

院内集会「マリフォー国会」の様子（左）と、配布されたチラシ（右）。

そうです。そうした過去があってこそ法律家の間でも差別はダメだということが浸透して、少しずつ道が拓かれてきたんだろうと思います。

平坦な道ではなかったと思います。いま私たちの活動にコミットしていただいてる方にも地道に活動を続けられてきた方がいらっしゃいますが、はっきりとは聞いていませんが、これまでにどんなことがあって、どれのような苦しみがあったのかを想像すると、本当に尊敬しかありません。

当時と比べると社会はほんとうに変わりました。私がこのテーマに関わるようになったここ7〜8年だけ見ても、当初はＬＧＢＴ[*7]という言葉もほとんどの人が知らなかったですが、今では見ない日はないぐらいになりましたよね。与党を含め、結婚の平等（同性婚）に賛成いただいている国会議員は着実に増えてきていますし、私たちの活動のなかでも、随時開催している院内集会「マリフォー国会」[*8]への議員の参加も増えていて、党内でも積極的な意見を言いやすい空気になってきているのかなと感じています。一般向けのイベント参加者やネット配信の視聴者も数が増えてきています。

さまざまな場所で社会を変えてきた方々のお話などを聴くと「ある時点で一気にガッと動く瞬間がある」といったお話も聞くので、判決がきっかけになるのか、別の何かがあるのかはわかりませんが、そこまで着実に力を蓄えて、タイミングを逃さないようにしたいなと感じています。

その一方で、今まさに苦しんでいる方もいらっしゃいます。「結婚の自由をすべての人に」訴訟の原告さんのなかには裁判中にお亡くなりになられた方もおられます。その方は「最期の時は、お互いに夫夫となったパートナーの手を握って、『ありがとう。幸せだった』と感謝して天国に向かいたいのです」と法廷でもおっしゃっていたんですが、残念ながらそのささやかな願いが叶うことはありませんでした。ですから、１日でも早くそうした日を実現しなければいけないと強く思っています。

──議員や企業の方とつながる取り組みなどお聞きすると、普通の人が真似しようとしてもなかなかハードルが高いんじゃないかとも思われます。

これは私の感覚的なものですが、弁護士という職業は裁判で理屈を述べるのは得意ですが、器用に人を巻き込んでいくようなことはできない方が多いです。これまで、ＰＲの専門家の方などの意見を聞きつつ、たとえばその方のネットワークで企業の方を紹介いただいたり、その方からまた別の企業の方を紹介いただく、というようにして地道につながりを増やしてきました。

自分でできなかったら誰かとやる。誰かを頼る、力を借りるということは恥ずかしいことでもなんでもありません。みんなでやった方が楽しいし、力になります。

私は、個人的にＮＰＯ支援について勉強しているのですが、その際にに教わったのが、「早く行きたいのならひとりで行け。遠くに行きたいのならみんなと行け」という言葉で、本当にその通りだなあと思います。社会という大きなものを変えたいのなら、みんなを巻き込んでやっていくしかないということ、それはもう毎日の活動で日々実感しています。

それと、一般の方々の理解というのも大きなサポートのひとつだと思っています。私たちの活動に共感してくださった方が、１人だけにでもこの問題について伝えてくだされば、この問題について知ってくださる方がまた１人増えますし、その方がまた次の１人に…という共感の連鎖で何万人も増えることにつながると考えているからです。

――読者のみなさんに向けてメッセージをお願いします。

いろいろな方々がそれぞれの場所で地道に少しずつ声を上げて、勇気を持って顔を出してきたからこそ、ちょっとずついろいろなことが変わってきた。私自身もその中でいろいろなことを知り、考え、変わったと思います。そして、小さなことが少しずつ積み重なることで大きな変化になっていく。社会を変えるのは偉大なリーダーではなくて、そうした小さな勇気を出した人の集まりなんじゃないかとも思います。

でもその一方で声を出す勇気は必要だし、「誤解を恐れずに」声を上げることも大事。そのへんはきっと厳しさでもあるんだろうと思います。

＊1 英語 ally はもともと「協力者」「味方」などの意味。日本語では「LGBTQ（＊7）当事者に共感し支援する人」を意味することが多い。

＊2 ここでは親族、地域、職場などによる「結婚すれば一人前」といった扱いのこと。逆に独身者は不完全・不安定・安心できないなどの目で見られ、ときに干渉を受けたりもする。

＊6 1990年2月、「動くゲイとレズビアンの会」が東京都の運営する「府中青年の家」（当時）を宿泊利用した際、青年の家職員や他団体から差別的な扱いを受け、また後日、「青少年の健全な育成にとって正しいとは言えない影響を与える」などとして利用を拒否された事件。詳細は左記QRコードを参照。

＊7 レズビアン、ゲイ、バイセクシュアル、トランスジェンダーの頭文字をあわせたもの。近年では多様さを明示する意味でLGBTQ（Qはクイア、またはクエスチョニングの意）と呼ぶことが多い。

＊3〜5、＊8についてはQRコード参照。

*3 いいふうふの日　*4 賛同企業

*5 全国の賛同団体　*8 マリフォー国会

*6 “「府中青年の家」事件が起こる（1990年）”（TOKYO RAINBOW PRIDE 公式サイトより）

公益社団法人
Marriage For All Japan
– 結婚の自由をすべての人に

BOOKS

モヤモヤをかたちに！ 行動に！
編集部からあなたにおすすめする2冊。

考える練習をしよう
子どものためのライフ・スタイル

マリリン・バーンズ 作／マーサ・ウェストン 絵／左京久代 訳

晶文社／1985年／128ページ、1,650円＋税／ISBN:978-4-7949-1951-9

頭の中がこんがらかって、どうにもならない。何もかもうまくいかない。もうダメ！こんなふうに思っている子どもやおとなはたくさんいるはず。問題の糸口が見えないとき、人は往々にして狭い視点で物事をとらえがち。こんな方法もあると気づける「考える」ヒントを教えてくれる。「子どものためのライフ・スタイル」と副題にあるが、おとなでも考える楽しさを知れる１冊。

ヨノナカを変える5つのステップ
マンガでわかるコミュニティ・オーガナイジング

鎌田華乃子 著／沢音千尋 漫画

大月書店／2022年／144ページ、1,600円＋税／ISBN:978-4-272331-08-6

新しい教頭が赴任したとたん、「校則厳守」の生活に！ 髪の色はもちろん、長さやスタイル指定（ロングは結ぶ）など『ありえない』校則に縛られるのは『仕方がない』ことなの？『おかしい』と感じたことを仲間たちと一緒に行動していくーコミュニティ・オーガナイジングの５つのステップを文章と漫画で解説。書籍『コミュニティ・オーガナイジング』（P14 参照）を読んでいる方にもおすすめ。

あなたの〝モヤモヤ〟が社会を変える？

～暮らしやすい社会を自分たちで創る

ネットワーク編集部

　読者のみなさんも日々の生活の中で、「何かおかしい」「なんとかならないのか」と感じることがいろいろあるのではないでしょうか。そして、忙しさの中でそのモヤモヤをそのままにしておくことも多いかもしれません。

　今回はそんなモヤモヤが、実は私たちの暮らしやすい社会を創っていくのにとても大切だということ、そして、そのモヤモヤ解決のために、個人で、あるいは、団体としてできることがあることを2つの取材を通してご紹介しました。

　ここでは、関連した2冊の本をご紹介しながら、もう少しこのテーマについて考えてみたいと思います。

■モヤモヤは社会課題の気づき

　先日、テレビを観ていたら、職場や学校、地域社会などに『謎ルール』が多いことを取り上げていました。『謎ルール』とは、なぜ、そういうルールがあるかわからないけれど、みんなが我慢して従っているルールのこと。例えば、ある保育園では、「使ったオムツは保護者が持ち帰る」「子どもの使う手さげ袋は保護者の手作りでないといけない」などのルールがあり、働く親たちも、保育士さんも疑問や負担を感じていたようです。そこに、新しい園長さんが来て、みんなで話し合い、これらのルールがなくなりました。

　園長さん曰く、こうした『謎ルール』を変えるには、そのことを言い出す「勇気」と、どうしてこういうルールがあり、どうしたら改善できるのかを考える「探求心」が必要。園長さんでさえ勇気が必要なのですから、保護者や保育士さんはもっと勇気が必要かもしれません。

　今回、取材した「ふきたろう」さんは（P6参照）、小学生の頃から真夏日が増えたことに気がついていたそうです。高校生のときに親に頼んで、地球温暖化対策のために、自宅を再生可能エネルギー（※1）を扱う電力会社に変えてもらいました。

　そして、次は学校を変えたいと、オンラインの署名サイトを活用し、神奈川県内の1つの高校に再生可能エネルギーが導入されることに。モヤモヤを感じることが、社会課題の解決への第一歩だったようです。

※1再生可能エネルギーとは、資源が再生されるエネルギー。枯渇せず、発電時に地球温暖化の原因となるCO_2を排出しないといった特長がある。具体的な種類として、太陽光、風力、水力、地熱、太陽熱、バイオマス（動植物に由来する有機物）、大気中の熱やその他の自然界に存在する熱、等がある。

■モヤモヤは「わがまま」？

　立命館大学産業社会学部准教授、富永京子さんが執筆した『みんなの「わがまま」入門』は、「どうすれば私たちは日々感じているモヤモヤやイライラを超えて、自分を解放し、だれかを助けられるような「わがまま」に優しくなることができ、「わがまま」を言えるようになるのでしょうか。この本では、その手がか

【ボランティア活動経験の有無】

（2018年の１年間での活動経験）

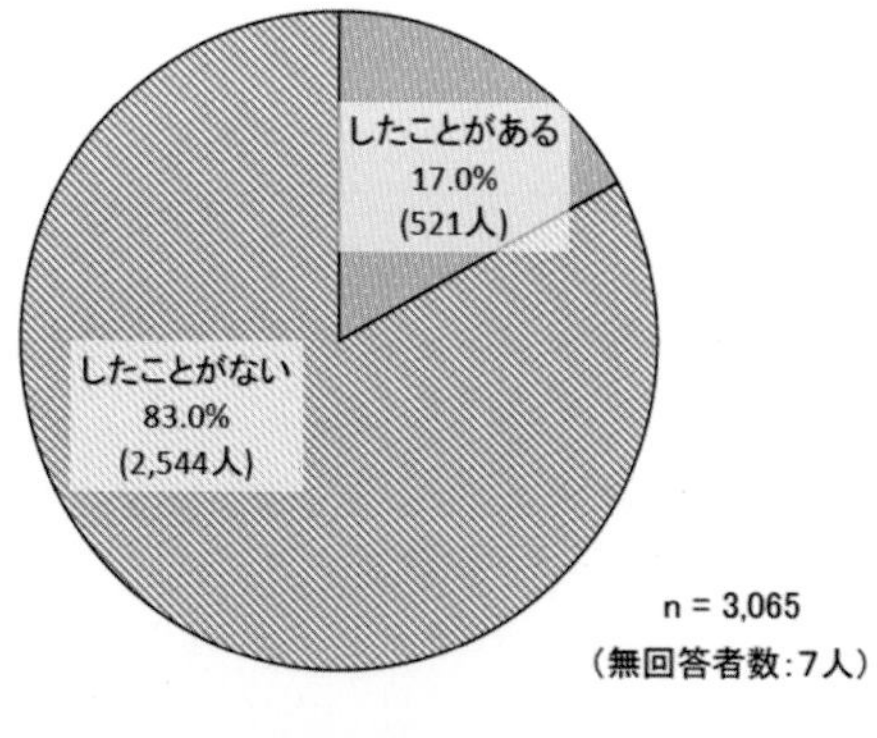

したことがある
17.0%
(521人)
したことがない
83.0%
(2,544人)
n = 3,065
(無回答者数：7人)

【寄附経験の有無】

（2018年の１年間での寄附の経験）

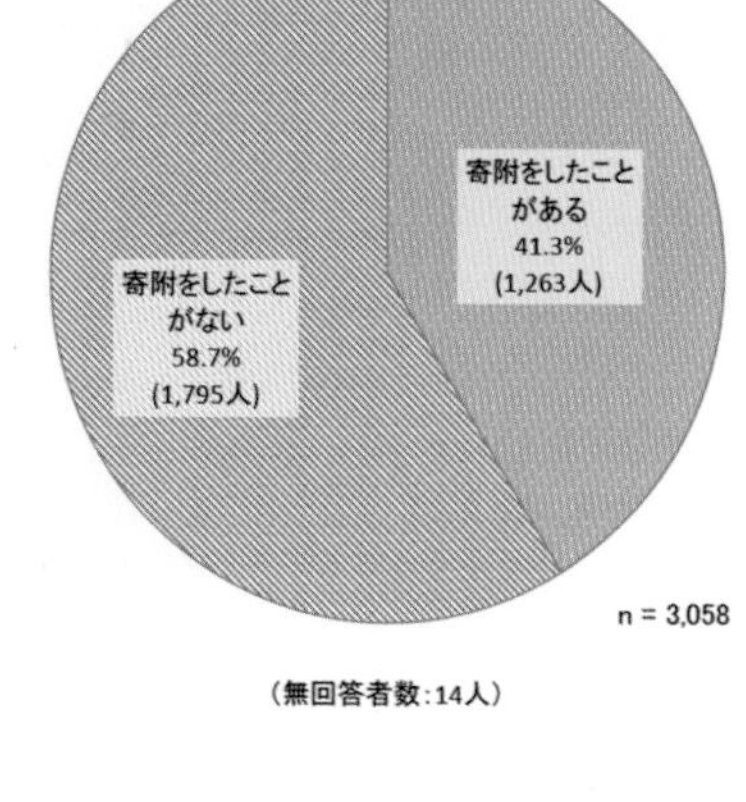

寄附をしたことがある
41.3%
(1,263人)
寄附をしたことがない
58.7%
(1,795人)
n = 3,058
(無回答者数：14人)

出典：内閣府「令和元年度（2019年度）市民の社会貢献に関する実態調査」の結果について
https://www.npo-homepage.go.jp/uploads/r-1_gaiyou.pdf

りをお伝えできたら、と思います。」というメッセージから始まっています。

「自分はこうしたい！　こうしてほしい！」と主張することがその人の「わがまま」になってしまうのは、「周りのみんなと同じであるべき」という意識が日本人の中にあるからと富永さんは分析します。そして、今、日本で暮らす人々の多様化が進む中で、それぞれの立場での考えを伝え合い、解決策を話し合うことが重要であり、また、困難な課題を抱えた人や少数派など、意見を言いにくい人たちのために発言・行動する「おせっかい」が大切だとも書いています。

みんなの
「わがまま」
入門
富永京子
意見を言うことへの「抵抗感」をときほぐし、
みんなで社会をつくるための5つの講義
わがままが「違い」をつなぐ

『みんなの「わがまま」入門』
富永京子 著／左右社／ 276p ／
1,750 円＋税／
ISBN:978-4-86528-230-6

鎌田華乃子
コミュニティ・オーガナイジング
ほしい未来をみんなで創る5つのステップ
おかしな制度や慣習、
困ったことや心配ごと…
社会の課題に気づいたとき、
私たちに何ができるだろう？
普通の人々のパワーを集めて
政治・地域・組織を変える方法を
ストーリーでわかりやすく解説。
「仕方がない」から
「仕方がある」へ
英治出版

『コミュニティ・オーガナイジング
～ほしい未来をみんなで創る
５つのステップ』
鎌田華乃子 著／英治出版／ 320p ／
2,000 円＋税／
ISBN:978-4-862762-93-1

モヤモヤのためにできること

こうしたモヤモヤを解決していくためには、集団や社会のルールを変えたり、人々の意識・行動を変えたりすることが必要となります。小さな集団や地域社会であれば、関係者が集まって話し合うこともできますが、大きな集団や社会となると、何をどうしたらよいかわからない人も多いのではないでしょうか。

最近では、SNSを活用して、個人や団体がモヤモヤを表明したり、署名活動をすることも簡単にできるようになりました。一方、インターネットでは、炎上や誹謗中傷などの問題が起きることもあるので、気をつけて活用したいところです。

また、社会課題に取り組んでいる団体に対して、ボランティア活動や寄付をするという方法もあります。2019年に内閣府が行った調査（図1）によると、2018年の1年間にボランティアに参加したことがある人は17・0％であり、ボランティアをしない理由で最も多かったのは「参加する時間がない」と、半数以上が回答しています。また、寄付をした人は41・3％であり、その支援先は災害救助支援が多いようです。寄付しない理由は「経済的な余裕がない」が半数となっています（※2）。

ボランティアや寄付以外でも、関心のある社会課題（モヤモヤ）のシンポジウムやセミナーなどに参加したり、社会貢献になるような買い物をしたり、NPO等の会員になるなどの方法もありますので、ぜひ、本センターのウェブサイト『ボラ市民ウェブ』をチェックしてみてください（※3）。

※2内閣府「令和元年度（2019年度）市民の社会貢献に関する実態調査」の結果について

※3ボラ市民ウェブ

仲間の輪を広げよう！

自分たちで、共通のモヤモヤのある仲間を集めて、活動するということもできます。その方法を紹介した本が、『コミュニティ・オーガナイジング～ほしい未来をみんなで創る5つのステップ』です。

著者の鎌田華乃子（かのこ）さんは、NPO法人コミュニティ・オーガナイジング・ジャパンの理事および共同創設者。子どもの頃から社会・環境問題に関心があり、11年間日本企業で働いた後に、ハーバード大学ケネディスクールに留学し、コミュニティ・オーガナイジング（以下、CO）を学びました。帰国後、その普及に努めるとともに、性犯罪の刑法改正にも取り組んでいます。

　COとは、仲間を集め、その輪を広げ、多くの人が共に行動することで社会変化を起こすことであり、日本も含め、世界中の人々が草の根で行ってきた活動方法を理論的・体系的にまとめたもの。米国では、このCOを大学や学校でも学ぶことができるそうです。

　まず、困難のある人々、つまり、当事者が「社会変化の源」になり、そして、当事者と同じ思いを共有し、共通の関心事のために結束することができる人たち（同志）とつながり、社会変化を起こす主体者になります。そして、価値（大切だと思うこと）を共有する仲間を増やしていきます。この本の中では、その具体的な方法が事例とともに説明されています。

1団体でできないことは他団体と連携する

　市民たちが作った団体は、他の団体と連携することで、その影響力を高めることができます。

　今回、取材した公益社団法人Marriage For All Japan ―結婚の自由をすべての人に（以下、MFAJ）は（P9参照）同性婚訴訟支援の法曹グループから始まった組織で、弁護士が多く活動しています。同性婚が認められないのは人権的見地から問題であるという思いからスタートしました。主な活動はロビーイング（ロビー活動）。つまり、政策や政治的判断を自分たちに有利な方向へ進んでいくようにするために政治家にはたらきかけています。

　MFAJは法制度の改正を中心に取り組み、社会啓発イベントやキャンペーンなどは、同じテーマで活動する他団体と連携しているとのことでした。社会を変えるには自分たちの団体ができることは限られています。他団体と連携・ネットワークすることが重要です。

暮らしやすい社会を自分たちで創る！

　人々はさまざまなモヤモヤを感じながら暮らしています。そのモヤモヤについて、多様な立場から意見を出し、ディスカッションしていくことによって、新しいアイデアやルールが生まれてきます。こうした市民たちが主体的に社会を創っていくことが民主主義であり、市民社会だといえるのではないでしょうか。

　また、行政や企業が提供するサービスだけでは解決できない社会課題（モヤモヤ）もたくさんあります。だからこそ、ボランティアやNPOといった市民たちの活動が必要であり、そこに、多くの市民たちが参加・協力していくことで、自分たちが暮らしやすい社会を創ることができるのです。

　あなたが感じているモヤモヤを大切にして、個人でできること、あるいは、仲間とできることを、少しの勇気をもって始めてみませんか？

　全国各地のボランティア・市民活動センターはそうした市民たちの活動を応援しています。

市民社会をつくるボランタリーフォーラム TOKYO 2023

私たちの暮らしに関わる社会問題に焦点をあて、それを共有し、私たち市民にできることを考えるイベントとして 2004 年から開催。今回のテーマは「Think・Act・Smile☺」。私たち一人ひとりができることを考え、議論して行動に移し、誰もが笑顔で過ごすことができるような社会づくりをめざします。

［日　時］2023 年 2 月 10 日（金）～12 日（日）
［参加費］１分科会：1,000 円（高校生以下または 18 歳未満の方は無料）
［会　場］飯田橋セントラルプラザ及びオンラインほかで開催

今後の上映予定などは公式サイトへ
https://moviola.jp/kanojo/

彼女のいない部屋
原題：SERRE MOI FORT／
英語題：HOLD ME TIGHT
監督：マチュー・アマルリック
出演：ヴィッキー・クリープス（『ファントム・スレッド』『オールド』）、アリエ・ワルトアルテ（『Girl／ガール』）
2021年／フランス／97分
日本語字幕：横井和子
配給：ムヴィオラ

つぶやきブレイク vol.25

＊当センタースタッフによるコラム

記憶の中で抱きしめて

夢で逢えたら

夏の終わりにある映画を見た。とても不思議な作品で、久々に映画を見てなんともいえない感覚を味わった。夢から覚めた後のぼうっとした一瞬が続いていたような感じで、そのことをふとしたときに思い返しては訳もなく考えている。

映画はひとりの女性が家を出る場面から始まる。家族を残して旅に出たようだが、なにかがおかしい。彼女はしきりに「いなくなったのは私じゃない」と呟いている。

早々種明かしになるが、いなくなったのは言葉の通り彼女ではなく、夫と子どもなのだ。事故で家族を亡くした彼女は、旅先で自分が不在になった家族の姿を想像する。その世界では彼女がいなくても日常は続いており、子どもたちはどんどん成長する。そして、映画は現実と想像、過去と未来が入り乱れ、ばらばらと散らばるように進んでいく。複雑なつくりで理屈を考えれば置いていかれそうになるが、途中でふと、現実も同じようなものだと感じてからは言葉にならない侘しさに息が詰まった。彼女は想像することで精一杯に悲しみを受け止めて、現実を生き延びようとする。頭の中で物語をつくり、祈るように想像し続ける姿に美しさと危うさを感じつつ、誰だってそうだと一つひとつのシーンが妙に頭に残った。

強く抱きしめて

覚めては決して起こりえないことが、想像や夢の世界では起こる。筒井康隆の「川のほとり」という短編では実際に息子を亡くした作者が、夢で亡き息子と出会う様子が描かれている。目の前にいる息子が自分の夢の中の存在だとわかっている作者は、息子が話すことは自分が作り出した想像に過ぎないことも知っている。それでも息子との再会を心から喜び、夢が覚めないように、この瞬間を何としても終らせまいと必死で息子に話し続ける。数ページの短編だがその様子は大変切ない。しかし、彼女の想像の世界と同じように、他者は誰かの中で生き続けると確信できる感情の豊かさのようなものがある。

失ったなにかを思い出すとき、それはただただ断片的な記憶だと思う。あれこれを自分で好き勝手に組み合わせ、そういえばと都合良く思い返しているのは私だけだろうか。亡くなった人に会いたいとは思わないが、話したいと思うことはいつだってある。そんなときは、断片的な記憶をかき集め、こんなときなんて言うだろうと話せなくなった現実をただ考えている。

この映画の原題は『SERRE MOI FORT（英題「HOLD ME TIGHT」私を強く抱きしめて』である。抱きしめることができるのは目に見えるものや手につかめるものだけではない。映画を見てから数ヶ月が経ったが、作品から受けた美しい感じが今もなお頭に漂っている。私は何度もその景色を思い出し、記憶の中で抱きしめては静かに繰り返している。

（山本りさ）

筒井康隆 著
『ジャックポット』（新潮社刊）
「川のほとり」ほか14編を収録
284p/2021年/1,600円+税
ISBN：978-4-10-314534-9

セルフヘルプという力㉝

セルフヘルプグループとは、共通の悩み、問題を抱える人やその家族が自発的に活動を行う集まりのことです。このコーナーでは、セルフヘルプグループの思いや活動内容を紹介し、社会の認識を深めたり、他のグループの運営のヒントとなることをめざします。

人生・人・聞こえの「いろいろ」を大切にしたい

片耳難聴のコミュニティ　きこいろ

日本で初めての片耳難聴を持つ人の当事者団体「きこいろ」代表の岡野さん、広報の河中さんにお話をうかがいました。

片耳が聞こえなくなって

～岡野さんの場合

突発性難聴で左耳が聞こえなくなったとき、私は13歳でした。多感な時期に聞こえなくなって「つらかったでしょう」と言われることもありますが、私自身は悩んだり、つらかったりした経験はあまりないのです。

ただ、よく覚えているのは診断のときの医師の態度です。すでに中学生だったにも関わらず、医師はいつも、私ではなく母に向かって話しました。「娘さん、耳が片方聞こえないですね。もう治りませんよ。でも片方は聞こえているから、大丈夫ですよ」と言っているのを聞き、腹が立ったのを覚えています。母は「患者は娘ですから、娘に話してください」と、いつも味方でいてくれました。今思えば、そのときの怒りが今につながっているのかもしれません。

また、学校では担任の先生に「岡野さん、大変ね！明日からあなたの席はここよ」と、教室の一番前を私の席にされました。子どもの頃って席替えがあったりして「あの席に座りたい」とかあるじゃないですか。それに友達には「聞こえなくなったから、病院行ってくるわ」、「いってらっしゃい」みたいな感じで、よく理解してくれていたので、先生から特別扱いされたと感じました。みんなと一緒でいたかったのに、先生の言葉で片耳難聴になったことを突きつけられた感じがしました。

その後、医学部の進学を考えましたが叶わず、大学のゼミの先生が言語聴覚士の資格を持っていたことがきっかけとなって、言語聴覚士を目指すようになりました。やはり、難聴の患者さんの力になりたいという思いでした。そして、言語聴覚士として耳鼻科・療育施設・ろう学校などで実際に難聴（主に両耳難聴）の方に応対する仕事をしてきました。

大学の卒業研究では、片耳難聴について調べました。当時流行っていたｍｉｘｉを使って当事者の方たちにアンケートをお願いしたら、あっという間に１３５人もの方から回答をいただきました。そのとき「当事者のことをよくわかっている質問内容だ。さすが当事者」と言われたのが、印象に残っています。そういったやり取りを通して、自分だけじゃない、わかってくれる人がいるとすごく楽になるんだな、と実感しました。

また、論文などを調べていく中で初めて、片耳が聞こえないと困る**「3つの場面」**を知りました。**①雑音の中では聞こえにくい、②聞こえにくい側から話しかけられたらわからない、③どこから音がするのかわからない、の3つ**です。当事者である私は、このときに初めて知りました。当事者自身が、片耳が難聴であるがゆえに困りごとが起きる場面を知っていれば、自分自身のことをもっと理解できると思いました。そして、たくさんの人に情報を届けたいという思いを、強く持つようになりました。

私自身、片耳難聴の当事者であり、難聴支援の専門職であり、そして片耳難聴を専門とする研究者でもあります。振り返ると、私の進路や仕事の選択のベースには片耳の難聴があったように思います。

片耳難聴の「困る」場面

片耳難聴とは、片方の耳の聴力は正常で、もう片方の耳が難聴という状態です。難聴の程度は問わず、軽度から重度、全く聞こえない方まで幅広くいらっしゃいます。先天性の方も、後天性の方もいますし、難聴の原因も様々です。

対面でのレクチャーの様子。

聞こえ方は、いろいろ。

当事者の中でも、片耳難聴のとらえ方・受け止め方は人によります。「片方が聞こえているから問題ない」という方もいれば、「片耳が聞こえなくて大変だ」という方もいる。同じ「片耳難聴」という状態でも、認識、悩み、困っていることが人によって全然違うんです。

人には、両耳聞こえているが故に得られているメリット（両耳聴効果）がありますが、片耳難聴だとそれが得られず、理論上はさきほどの**３つの場面**で聞こえなかったり、聞こえにくくて「困る」状況が起きてきます。静かなところで会話するのは全く問題ないのに、急に（実際には**３つの場面【17ページ①～③参照】**に遭遇しているのですが）聞こえなくなるということが、周囲からするとわかりにくいのだろうなと思います。

例えば、普通に会話していて、にぎやかな店とか、ちょっと雑音のある場所に行くと「えっ？」「えっ？」と何度も聞き返してくる。離れたところから声をかけたらキョロキョロ周囲を見回している。本人は、雑音の中で話を聞くのにすごく疲れていたり、どこから呼ばれているのかわからなかったりするのですが、周りからは「聞いていない」ように見えてしまう。また本人にとっても、静かなところでの正常な聞こえ方と、聞こえにくい環境との落差を日々実感するところも片耳難聴ならではだと思います。

当事者団体を立ち上げる

「情報を届けたい」と思っていたとき、当事者である麻野さん（現きこいろ事務局）から連絡がありました。麻野さんはインターネットを活用して情報を発信していきたいが、正確でまとまった情報がない、ということでした。逆に私は、情報はあるけれど発信する術がない、ということで、一緒に活動を立ち上げることになりました。２０１９年、10人ほどの当事者が集まり、きこいろをスタートしました。「きこいろ」の名前は「聞こえ方はいろいろ」が由来です。

初めて交流会（片耳難聴Ｃａｆｅ）を行ったとき、ＳＮＳで「片耳難聴の当事者の交流会をやります」と呼びかけたら、すぐに10名ほどの申し込みがありました。その後、全国各地で毎月開催していたところ新聞に様子を取り上げていただき、その新聞を見たＮＨＫの方が「ろうを生きる、難聴を生きる」という番組で、きこいろの活動を取り上げてくださいました。きこいろを知ってくださる方が増えて、一気に会員３００人ほどになりました。

その後コロナ禍になり、オンライン環境が整ってきたことで、全国の片耳難聴の人たちとつながれるようになりました。対面での活動はできなくなりましたが、逆に活動が全国に広がり、現在は会員数７００人近くになっています。

いつ難聴になったのかわからない
～河中さんの場合

私が片耳難聴だとわかったのは、小学校入学後、最初の身体測定の聴力検査だったような記憶があります。その検査で判明したので、実はいつ難聴になったのかわからないんです。物心ついたときには、すでにそういう状況だった。まあ、生まれつきなんだろうと思っています。

だから、困って仕方ないっていう経験もないのです。両耳が聞こえていた記憶がないので…。母親に連れて行かれて病院での治療を続けてはいましたが、正直行きたくなかったです。特に、聴力検査が嫌いでいつも母親を困らせていました。今は母親の気持ちがよくわかります。

実はずっと、片耳が聞こえませんとは言わずに来たんですね。誰にも

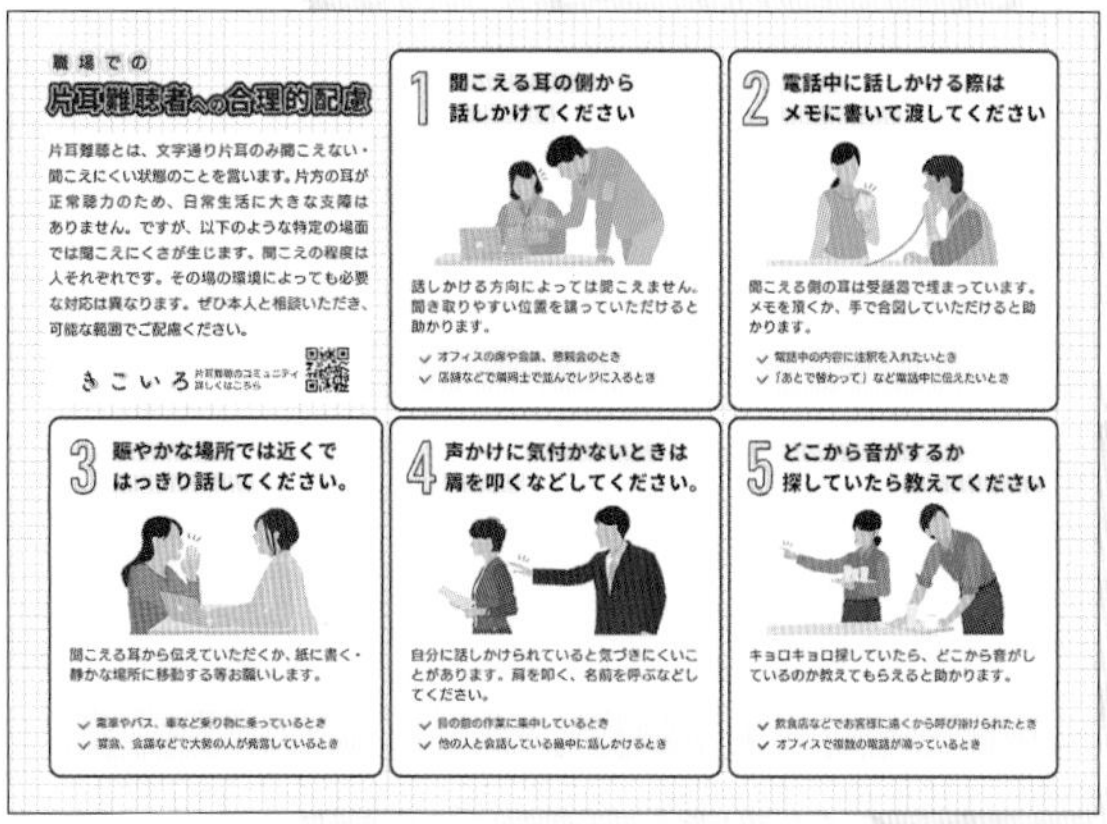

職場での
片耳難聴者への合理的配慮

片耳難聴とは、文字通り片耳のみ聞こえない・聞こえにくい状態のことを言います。片方の耳が正常聴力のため、日常生活に大きな支障はありません。ですが、以下のような特定の場面では聞こえにくさが生じます。聞こえの程度は人それぞれです。その場の環境によっても必要な対応は異なります。ぜひ本人と相談いただき、可能な範囲でご配慮ください。

きこいろ 片耳難聴のコミュニティ 詳しくはこちら

1 聞こえる耳の側から話しかけてください

話しかける方向によっては聞こえません。聞き取りやすい位置を譲っていただけると助かります。

- オフィスの席や会議、懇親会のとき
- 店舗などで隣同士で並んでレジに入るとき

2 電話中に話しかける際はメモに書いて渡してください

聞こえる側の耳は受話器で埋まっています。メモを頂くか、手で合図していただけると助かります。

- 電話中の内容に注釈を入れたいとき
- 「あとで替わって」など電話中に伝えたいとき

3 賑やかな場所では近くではっきり話してください。

聞こえる耳から伝えていただくか、紙に書く・静かな場所に移動する等お願いします。

- 電車やバス、車など乗り物に乗っているとき
- 宴会、会議などで大勢の人が発言しているとき

4 声かけに気付かないときは肩を叩くなどしてください。

自分に話しかけられていると気づきにくいことがあります。肩を叩く、名前を呼ぶなどしてください。

- 目の前の作業に集中しているとき
- 他の人と会話している最中に話しかけるとき

5 どこから音がするか探していたら教えてください

キョロキョロ探していたら、どこから音がしているのか教えてもらえると助かります。

- 飲食店などでお客様に遠くから呼び掛けられたとき
- オフィスで複数の電話が鳴っているとき

リーフレット「職場における片耳難聴者への合理的配慮」。学校向けや家族のためのリーフレットもある。

動画「【片耳難聴動画】聞こえ方は、いろいろ。～ある日、片耳が聞こえなくなって～」のワンシーン。動画は右記QRコードより視聴可能。

言わず、聞こえているように振る舞っていました。ただ、聞こえないときには視覚に頼るから、じーっと相手の顔を見ちゃうんですよ。そうすると「睨んだ」と誤解されて、喧嘩になっちゃうことはありました。子どもの頃、嫌だったのはそういうことです。それからも、片耳が聞こえないことを悟られないように、気づかれないように、生活してきました。

実際に困ったなと思ったのは、社会人になってからが多いですね。会議とか飲み会など周囲が騒がしい場所で、聞こえない側からの聞き取りが全然できない場合は困ります。また、車の運転中、左耳が聞こえないので助手席からの声が聞こえないんです。左に向いて聞き返すと危ないし、だったら「運転に集中！」という雰囲気を醸し出せば、相手も話しかけてこなくなるんじゃないかと(笑)。そういう、聞こえないことを気づかれないための工夫をしていました。

２０２０年、先ほど話に出たＮＨＫの番組をたまたま見たんです。きこいろの紹介を見て「これ、自分のことだ」と思いました。ホームページを見たら、知らなかった片耳難聴に関することが書いてあって、それまでなんとなく感じていたことの理由が初めてわかりました。その新鮮さ、驚きといったらありませんでした。

それまで僕の周りには、片耳難聴の当事者は2人しかいませんでした。でも、きこいろの片耳難聴Ｃａｆｅに参加すると「同じ片耳難聴の人に初めて会った」という人が多く参加していました。情報がないだけで、世の中にはたくさんいらっしゃるし、一人ひとり境遇やとらえ方が違うことも知りました。それからきこいろの活動を手伝うようになり、今は運営に関わっています。半世紀以上片耳の聞こえない状態で生きてきているので、自分の経験が活かせればいいなと思っています。

きこいろの活動

きこいろの運営は、10人程度の運営全般に参画するプロジェクトメンバーと、スポットでお手伝いするボランティアメンバーで行っています。それぞれ本業の傍らボランティアで関わっているので状況によってお休みしたり、入れ替わったりすることもあります。

運営財源は、会員メンバーとなってくださった方からの１０００円の年会費が主で、協賛金や寄付金、採択された際には助成金を活用しています。

主な活動は3つです。1つ目が情報発信。ＷＥＢサイトやＳＮＳで当事者にも周りの方にも役立つ情報を、様々な切り口で届けることを心がけています。また、片耳難聴について正しい知識を学ぶ機会として、代表や副代表などによる「片耳難聴レクチャー」という勉強会も不定期開催ですが行っています。

2つ目が交流の機会づくり。片耳難聴の人は誰でも参加できる「片耳難聴Ｃａｆｅ」という、交流の場を少人数で行っています。コロナ禍以降はオンラインで毎月1回開催しています。オンラインになったことで1回に2～3テーマ／グループの枠で実施することもでき、２０２１年度は年間約１５０名の参加がありました。また、テーマの1つとして、片耳難聴のある子どもを持つ親の集まる「家族の会」も開催しています。

3つ目が啓発活動。研修や講演、学校の授業のゲスト講師を務めることもあります。

また、リーフレットを制作し関係機関に配布したり、個人でも使えるように提供しています。先日、「片耳難聴になった人の様子を描いた動画」を作成しました。両耳聞こえる人に、片耳難聴の人の聞こえ方など

を知ってもらえる内容になっています。ぜひ多くの方に観てもらいたいと思っています。

正しい情報の大切さ ～クロストーク

【岡野さん（以下、O）】

当事者の中には、正しい情報がないために「集中力がないから、人の話が聞けないのだ」、「人を無視しちゃうのは、自分の性格に問題があるからでは」と、自らを責めてしまう人も少なくありません。

【河中さん（以下、K）】

以前は、片耳難聴の情報を検索したこともありませんでした。今ではネットで検索すると情報はたくさんあります。明確な情報を知ることで「自分だけじゃなかったんだ」、「こういう理由があるんだ」と理解でき、モヤモヤしてたことがクリアになると思います。

【O】それに、難聴自体がまだまだ知られてないと感じます。「聴覚障害」というと、全く聞こえないというイメージが強く、「聞こえにくい」ということ自体が知られていない。まして片耳だけの難聴は、もっと認知度が低いのではと思います。

きこいろは、明確で正しい情報を伝えるということを大切にしています。片耳難聴の当事者同士でも、考え方や立場はそれぞれ異なります。例えば、片耳難聴を「障害の範囲」に入れたい方もいれば、そうでない方もいる。そのため、個人にも、社会に対しても、何か一つの方向を目指す運動を起こしたいということではなく、多くの方に片耳難聴を知ってほしいと思って発信しています。きこいろは中立的な立場で、エビデンスのある情報だけを発信するように心がけています。

当事者同士の安心感

【O】片耳難聴は見た目ではわからず、普通に生活できる。けれど、場面によって、たまに困ることがある。このさじ加減って言うのでしょうか。当事者じゃないと理解できない部分が多いのではと思います。だからこそ当事者同士だと言わなくてもわかってもらえる安心感がありますし、あるあるを語り合えたりして、居心地がいいと感じます。

【K】僕は、きこいろの活動をするようになって「片耳が聞こえません」と周りに言うようになりました。正確な情報を知ると、聞こえないことが自分の気持ちや性格の問題じゃないってわかるんです。以前の僕のように、周りに言わないまま生活している人は、多くいらっしゃいます。そして、自分のせいだと思っている人や、職場でトラブルになって落ち込んでしまっている人もいる。もちろん人それぞれですから、「片耳難聴です」と開示することを勧めるわけではありません。でもそういった方たちが、Cafeや勉強会に参加すると、他の当事者と交流できたり、正しい情報を知ることができ、ちょっと安心するんじゃないかな、と思うんです。そして、少しでもその方の生活や人生が良い方に向いたらいいなと思っています。

インタビュー：森玲子（相談担当）
海方美雪（編集部）

オンラインによるレクチャー。
写真・画像提供＝きこいろ

片耳難聴のコミュニティ　きこいろ

キーワード 片耳難聴、いろいろな聞こえ方

「きこいろ」は、日本で初めての片耳難聴を持つ人の当事者団体です。片耳が聞こえない・聞こえにくい人たちのためのコミュニティやプロジェクト運営を行います。聞こえの多様性に優しく、人の多様性に寛容な社会であることを願って、片耳難聴者のQOL（quality of life：生活・人生の質）の向上のための活動を行っています。

運営メンバー 片耳難聴の当事者

活動内容 ・片耳難聴に関する情報発信　・片耳難聴 Cafe（交流会）の実施
・片耳難聴レクチャー（勉強会）の実施　・片耳難聴についての一般 / 専門職への研修

参加できる人 片耳難聴の当事者、片耳難聴の子どもをもつ保護者
その他、企画により、関係者、支援者など

活動エリア 全国・オンライン　**相談** 準備中　**集まれる場** あり（状況によりオンライン開催の場合もあり）

連絡先 kikoiro.com@gmail.com　**Webサイト等** https://kikoiro.com/（Webサイト）・@kikoiro（Twitter）

HP　Twitter

連載 Vol.5

小田実さんの市民運動論および草地賢一さんの市民社会論と東京憲章

市古太郎（東京都立大学、一般社団法人災害協働サポート東京 代表理事）

東京憲章の正式名称は「災害時のための市民協働東京憲章」である。つまり「災害時のための」と「市民協働」の2つの言葉から構成されている。

ここで「市民協働」は公的には定着した用語であろう。例えば少なくない自治体で「市民協働」関連条例が制定され、市民協働推進課を設置し、市民協働を進めている。

それでは「災害時のための」との前節句は何を意図しているのか。東京憲章起草に関わる機会をいただき、市民協働で取り組む防災対策と復興事前準備に携わってきた筆者が感じているのは、阪神・淡路大震災災害ボランティア・復興市民活動からの継承と発展という景色である。

■小田実《まこと》さんや草地《くさち》賢一さんの思想の継承

阪神・淡路からの継承とは何か。たとえば、震災10年市民検証研究会検証報告をひらけば、緊急対応期、避難生活期、仮住まい期のボランティア、NPO／NGO、市民団体の取組みに加えて、10年を迎える中で、商店街、福祉と食を中心としたコミュニティビジネス、市民芸術、中間支援組織といった領域への広がりと「市民社会像」が見い出せる（引用文献①）。

そしてその上で「継承」とは、小田実さんや草地賢一さんの思想の継承ではないかと考える（参考を参照）。

それは小田実さんの「自分のやりたいことをやる、人のやることに文句をつけるな、文句があるなら自分でやれ、自分で決めたことは自分でやる、人にやれと言うのではなく自分でやる」という市民運動論（引用文献②）であり、草地賢一さんがめざした「ボランタリズムとは市民社会」であり「国家が直接おこなうより、自由で自主的な意思をもつ民間団体や市民がおこなう方がよい」という市民社会論（引用文献③）であると思う。

小田実さんの市民運動論と草地賢一さんの市民社会論、神戸で実践され、鍛えられてきた思想は、東京憲章の5つの基本方針に、つきつめれば、つながっている側面もある、と考える。

市民協働 東京憲章

東京憲章の連載も折り返しとなりました。今号では改めて、東京憲章の掲げる「二つの視点」と「基本方針」を紹介します。また、ぜひ下記のQRコードより東京憲章についてご覧ください。

二つの視点

1　多様性

東京の特徴の一つである「多様性」を強く意識します。東京には、多様な人、多様な価値観やくらしがあります。災害時にも一人ひとりが持つ多様性を理解し、尊重し合う関係を作っていきます。

2　平時からの取組み

平時の課題が災害時に大きく現れることを強く意識します。平時にある様々な格差や差別、社会構造の中に被害を拡大させる要因があると考え、そこにアプローチしていくことで、災害時の様々な困難を少なくします。

平時・災害時共通の基本方針

1　被災者一人ひとりの尊厳を尊重します。

「一人ひとりの尊厳」とは、その人がその人らしくいること自体が尊ばれることです。災害時には、この尊厳が後回しにされがちになりますが、私たちは、災害時こそ、この尊厳の尊重を第一に考え取り組みます。

2　支援や配慮が必要な方々に寄り添い、「いのち」と「くらし」を、みんなで支えます。

支援や配慮が必要な方々の「いのち」「くらし」を支えるには、行政や専門家に加え、地域住民やボランティア・NPOなどの関わりが欠かせません。こうした様々な人たちみんなで、支援や配慮が必要な方に寄り添い、支える関係性を平時から作っていきます。

3　支援者は、情報を交換し、ともに支援活動に取り組みます。

東京には様々な団体があります。これら一つひとつの団体がともに取り組む仲間であると考えています。それぞれの団体が持つ特徴を活かし、平時からつながりあうことで支援の厚みや多様さを拡げていきます。

4　支援者となる方々へのサポートも重要な支援の一つとして取り組みます。

災害時に支援者となる人へのサポートを意識します。支援者が安心して支援活動ができる、周囲に相談できる、お願いができる、一人だけで支援を担わない、このような環境を作ります。

5　過去の被災の教訓から学び、平時・災害時の活動に活かします。

この憲章を多くの人に読んで頂くことを目指します。そして、被災地の様々な課題を学ぶ機会を作り、平時の防災・減災活動および被災者支援活動に活かしていきます。

すなわち市民運動論の視点からは東京憲章基本方針「方針1・被災者一人ひとりの尊厳を尊重します」と「方針3・支援者は、情報を交換し、ともに支援活動に取り組みます」に接続されてくる。

災害時であっても、いや災害時であればこそ「一人ひとりの尊厳」を尊重し「一人ひとりの声を聞きながら支援活動に取り組む」姿勢を掲げたい。また「情報を交換しともに支援活動に」は神戸の市民リーダーが企図してきた営為であり、厳しい災害支援の現場環境の中で、特に重要な理念である。

そして市民社会論の視点からは、子ども、障害のある人、多様な性や信仰を「尊重し、できるだけ継続されること」を東京憲章では「私たちが大事にしたい2つの視点」の1つに掲げている。これらの支援活動は、市民や民間の力がより効果的に発揮できる領域であろう。

■阪神・淡路大震災からの発展 「わたしたち」の経験と教訓

次に阪神・淡路大震災からの発展とは何か。発災から四半世紀が経過し、三宅島噴火、中越地震、東日本大震災、熊本地震などでの被災地支援の経験を通して、多くの、重要な「発展」があった。そして東京で活動するメンバー、すなわち東京都災害ボランティアセンターアクションプラン推進会議で関係を育み、共に取り組んできた「わたしたち」の経験と教訓が、たとえばスタッフのケアへの視点など、東京憲章本文、とりわけコラム文にギュッと表現されている。

その中でも特に、戦後「激甚未被災地」東京として東京憲章副題が掲げる「平時からボランティア・市民活動がめざすもの」の意義を強調したい。平時から発災後の事前準備に取り組むだけでなく、平時から発災時に生命と身体を守る活動に取り組んでいこう、というわば「直接被害軽減」を重視した活動方針である。一人ひとりの尊厳を理解し、多様な生き方、暮らし方を尊重する立場から、事前防災を目標とする意義は大きいと思われる。

ところで1995年1月、筆者は都市計画・まちづくりを自分の生涯をかける仕事と考え、東京都立大学都市計画研究室で学んでいた。石田頼房《よりふさ》先生、高見澤邦郎《たかみざわくにお》先生、中林一《いっ》樹《き》先生に「何でも見てこい」と送り出していただき、日本都市計画学会の被害調査活動に従事しつつ、焼失したアーケードの鉄柱だけ残った神戸市長田のまち、公園でのテントや学校避難所で避難生活を送る人々の声に、ある意味無防備のまま、接する経験をした。失敗と後悔は少なくないが、専門性として被災地に貢献することに加え、市民として被災者支援に飛び込む意義、両者を統一的に考える必要性を感じた。そして専門性と市民性の確保という視点は、その後の中越地震、東日本大震災でも問題意識として継続し、東京での市民団体・NPO／NGOの取り組みに参画していったのも、ある意味必然であったように思う。

現在筆者は、一般社団法人災害協働サポート東京の代表理事を務めている。本稿では、個人的見解として東京憲章の意義を述べさせていただいた。「そもそも支援とは何か」といった根源的な問いも重ねつつ、多くのみなさんと、理念の旗も大切にしながら、市民主体の災害への備えを展開していきたい。若い世代を惹きつける空間、関わりつづけたいと思えるプラットフォームもめざしたい。

【引用文献】

①震災10年市民検証研究会『阪神・淡路大震災10年 市民社会への発信』文理閣、2005年

②鶴見俊輔、小田実『オリジンから考える』岩波書店、2011年

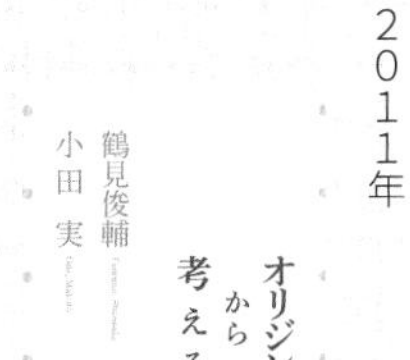

③島田誠『ひとびとの精神史第8巻』より「草地賢一ー神戸からのボランティア元年を拓く」岩波書店、2016年

【参考】

小田 実（1932——2007）

大阪府に生まれる。作家・市民運動家。東京大学文学部卒業後、代々木ゼミナール英語科講師。阪神・淡路大震災後「市民=議員立法実現推進本部」を立ち上げ、災害被災者支援のため個人補償を軸とする生活再建援助法案の運動を行い「被災者生活再建支援法」成立につながる。主な著書に『何でも見てやろう』『難死』の思想』など。

草地 賢一（1941——2000）

岡山県に生まれる。関西学院大学神学部卒業後、YMCA主事、国際協力事業を担当。日本キリスト教団神戸東部教会協力牧師、阪神大震災地元NGO救援連絡会議代表、著書に『アジアの草の根交流』『神戸発阪神大震災以後』にて「市民とボランティア」の章を執筆。

せかいをみる

海外におけるボランティア・市民活動や市民と社会とのかかわりを知る・考える連載ページ。
今回は、地球の友と歩む会/LIFEの佐藤静香さんによる経理担当からみえるせかいについて、お届けします。

認定NPO法人 地球の友と歩む会/LIFE

「水・緑・人」をテーマにインド・インドネシアの農村で活動するNGO。1986年にアジア協会アジア友の会東京事務所として活動を開始、1999年に同団体から独立し現称となる。現地の人たちが自然と共生しながら自立して暮らせる社会を目指し、現地の住人と共に農業、植林、教育支援などを行っている。

寄稿

国内担当からみる海外支援の現場 ～おみやげとSDGs

佐藤 静香
（認定NPO法人地球の友と歩む会/LIFE 経理・国内担当）

経理担当が気になる支出は…お土産代!?

大学の一般教養科目でインドネシア語を発見。物珍しさから受講し、学んだ言語を試したくインドネシアへ旅行した。そこで感じた貧富の差を、まさに埋めようと活動しているLIFEの求人広告が目に留まり、気が付いたら職員歴7年目となる。普段は国内担当である私が、現地担当の職員から聞いたこぼれ話をしていきたい。

私の業務は経理・国内担当だ。国内でのボランティア活動やイベントの企画運営、支援者のデータ管理や領収書の発行、寄付品の受入整理・換金、年末調整など・・国内で完結する業務を引き受けている。経理担当として仕事を進めていて、ちょっぴり気になる支出があった。それはお土産代だ。海外担当の職員が現地へ出張するたびに、日本のお菓子などを購入してプレゼントしているのだ。人生経験が乏しい私は思ってしまった。「必要なのか？」と。若い頃の私にはピンとこない支出だった。疑問をインドネシア担当の古賀に聞いたところ、このような回答だった。

「お土産があると、やっぱり村の人の雰囲気や現地スタッフが明るくなるよ。特に村の人は娯楽がないから、かりんとうや缶詰タイプの飴玉とかを配ると大喜びしてくれるよ！　コミュニケーションがとりやすくなるから必要だね」

お土産があるとコミュニケーションが円滑になる。確かにそうだなあと思っていたら、LIFE事務局長でインド担当の米山がため息交じりに現地での一幕を話してくれた。

「お土産といえば、インドに駐在していた時の住居の大家さんへ日本のカステラをもって行ったんだ。すごい気に入ってくれて。そうしたら、日本に一時帰国するたびに『またあのお菓子買ってきて！あのお菓子じゃなきゃイヤ』と言うんだ。別のお菓子をもって行っても『前のお菓子（カステラ）が欲しい』と言われる。この厚かましいところがインドの良いところであり、少しうんざりするところ」

米山は懐かしそうに、しかし溜息を交えながら語る姿に現地の方とコミュニケーションをとる難しさを感じた。

失敗からみえた環境問題

そういえば、とインドネシア担当の古賀はこんな失敗話をしてくれた。

「そうそう。現地にもって行くお菓子は個包装のお菓子ではなくて、大袋入りやプラ包装がないタイプを選ぶようにしているんだ」ほう。日本では個包装のお菓子が喜ばれるがインドネシアはそうではないのか、などと思っていたが現実は違った。「ゴミをその辺に捨てるの。紙製なら

2022年6月インドネシア：スンバ島にて。
現地NGOや住人と懇談する米山（左上、左下）。
2018年11月インドネシア：スンバ島にて。
LIFEが通学カバンを寄贈した小学校の
児童たちと古賀（右）。
写真提供＝地球の友と歩む会/LIFE

まだいいんだけど、プラゴミも現地ＮＧＯの人でさえもポイ捨てしちゃうの」。あー確かに私も記憶がある。旅行で行ったインドネシアで、植林したマングローブの苗が倒れないようにゴミを拾う活動をしている現地ＮＧＯでさえも、ポイ捨てするのを何度も目撃した。乾期の間は水が干上がる川にプラゴミが捨てられ、プラゴミの川になっている光景を見た。村の人にゴミはどうなるのかと聞いたら「雨期になったらなくなるから困らない」と言われた際は、無力感に苛まれた記憶がよみがえった。

「でもね。支援地域ではゴミの収集を行政はしていないの。だからプラゴミを集めても捨てる場所も焼却炉もない。そもそも現地ＮＧＯの意識でさえ低いから解決は難しいのよね」と苦悶に満ちた顔で私に語った。日本でも「ポイ捨て禁止」という看板は目にするが、そう単純な問題ではないようだ。最後に古賀は希望も語ってくれた。「私と出張を同行した支援者の方が喫煙者だったんだけど、滞在中はポケット灰皿に灰をトントンと捨てて、吸い殻も回収していく姿を見て『日本人は灰まで持ち帰るのか！』って現地ＮＧＯの代表の人が驚いていたよ。だから少しずつで良いから、現地の意識が変わっていってほしいなって思いながら、現地のお土産を考えているの」

支援成功のカギは、小さな配慮の積み重ね

コロナ禍の影響で海外出張の機会がまったくなかったが、ようやく規制も緩和され、２０２２年の今年は出張の目途がついた。現在ＬＩＦＥではインドネシア・バリ島の給水支援をボランティアチームと協働で実施しているが、そのボランティアチームが職員に先駆けて視察を行った。視察自体はつつがなく終了し、ボランティアチームも無事に帰国したのだが、村ではプチパニックが起きた。

「村についてから、なぜ私のところへ最初にあいさつにこなかったのだ！」と支援地域の村長がへそを曲げてしまったのだ。

村の給水設備などは、支援終了後は村の人で管理をしてもらう予定のため、組合組織を作っている。組合メンバーは定期的にミーティングを実施しているが、村長は会合に加わらず秘書が参加していた。秘書から村長に進捗状況などが伝えられ、日本人の出張も秘書から伝えられていたと思っていたが、そうではなかったようだ。プロジェクトの進行中に選挙で新しく村長が選出されたこともあり、そのこともプロジェクトへの理解不足につながった要因の一つであったようだ。ボランティアチームの帰国後、米山が現地を視察した際に日本酒を手土産にあいさつを行った。改めてプロジェクトの実施内容や会合の開催などを伝えたところ、挨拶効果かお土産効果か、はたまた両方か、両者は熱い握手をかわし、協力体制を築くことができた。

２０２２年10月下旬に、インドネシア担当の古賀と理事長がインドネシアへ出張するにあたり、古賀が出張の計画を練っていた。お土産も重要だ。「米山さん、7月の出張時に村長さんには何を渡しました？　かぶるとマズいんで教えてください」。こういった細やかな配慮の積み重ねが、支援成功のカギなのかもしれない。

NPO法人
地球の友と歩む会
/LIFE

ネットワーク

本誌のバックナンバーは右記からご覧ください。

読者の声 〜本誌380号より〜

読者の皆さんからいただいたアンケートの一部をご紹介させていただきます。

◇【特集】外国にルーツのある人とともにつくるコミュニティ

・身近に外国にルーツがある人たちはいるが、深く関わったり、悩みを聞いたり、異なる文化の交流という機会はあまりないことに改めて気づかされた。

・自分に置き換えると「○○区はじめての人コミュニティ」があればと思いました。ルーツ基準ではなく現在地が起点になりますが。転勤者には需要がありそうに思います。

◇「多文化共生」からコミュニティを考える

・時代により日本における外国人の位置づけの変遷がわかりやすかった。

・様々な国籍を持つ人々が国内に増える中で、彼らが生きにくさを感じないための取り組みは今後も更に需要が高まるのではないかと感じた。

◇新連載　せかいをみる（後編）

・世界のボランティア参加率が思った以上に高く、やはり日本はまだまだだと思った。

・前編がよく印象に残っており、今回も読みやすかったです。世界でのボランティアについて、自分の中のイメージにギャップがあったことに気づきました。

◇思い立ったがボラ日　新宿で食料配布&相談会のお手伝い

・とても素晴らしい動きだと思う。実際、コロナ禍が始まってから収入が減っていることは私も同じなので、国も動いて欲しいと感じる。

◇つぶやきブレイク

・記事を見て、ラジオをまた聴き始めました。おすすめの「あ、安部礼司」もとても面白かったです。

◇あすマネ〜活動をはじめよう〜

・あすマネは少し苦手なトピックスですが、今回は小見出し（「STEP○」の部分）がどれもわかりやすいタイトルだったので、とても読みやすかったです。

◇いいもの みぃ〜つけた！　NPO法人木馬　木馬工房

・住所だけでなく最寄駅もわかれば、近くに用があった場合に寄ろうかなと思えるため、尚良いなと感じます。

お気軽にご意見・ご感想をお寄せください。

本誌で使用しているQRコードは、㈱デンソーウェーブの登録商標です。

東京ボランティア・市民活動センター
(TVAC: Tokyo Voluntary Action Center)
https://www.tvac.or.jp

東京ボランティア・市民活動センターは、ボランティア活動をはじめとするさまざまな市民の活動を推進・支援しています。どうぞご利用ください。

利用　＊ご利用人数はホームページでご確認ください。

会議室	会議室A・B（各40人）・C（15人）無料 ※会議室AB通し（80人）
貸出機材	印刷機（2台）紙持ち込み、点字プリンター 他
申込み	4ヶ月前から電話で受付（03-3235-1171）

情報提供

最新のボランティア・市民活動情報は、センターのホームページでご覧いただけます。http://www.tvac.or.jp/

開所時間　＊ホームページでご確認ください。

火曜日〜土曜日：9時〜21時／日曜日：9時〜17時
（月・祝祭日・年末年始除く）

交通アクセス

JR（西口）、地下鉄（東西線・有楽町線・南北線・大江戸線 出口B2b）飯田橋駅下車

ネットワーク

発行人　山崎美貴子

編集委員　五十嵐美奈（興望館）
上杉貴雅（オレンジフラッグ）
江尻京子（東京・多摩リサイクル市民連邦）
亀川悠太朗（葛飾区社会福祉協議会）
小池良実（岡さんのいえTOMO）
齋藤啓子（武蔵野美術大学 造形学部教授）
社会学ゼミ（TDU−雫穿大学）
中原美香（NPOリスク・マネジメント・オフィス）
まつばらけい（フリーライター）
渡戸一郎（明星大学名誉教授）

TVACの公式ソーシャルメディア

YouTube

編集・発行：東京ボランティア・市民活動センター
〒162-0823 東京都新宿区神楽河岸1-1
セントラルプラザ10階
TEL：03-3235-1171　FAX：03-3235-0050
E-mail: nw@tvac.or.jp

印刷：㈱丸井工文社
デザイン：東京ボランティア・市民活動センター／㈱丸井工文社
表紙イラスト：フローラル信子

2022年12月20日発行（通巻No.381）
ISBN 978-4-909393-42-5 C2036
定価 400円（本体 364円＋税 10%）

1001 0693

いいもの みぃ～つけた!

このコーナーでは、ボランティア・市民活動・福祉施設のグッズや作品を紹介します。

Vol.40

子どもたちの笑顔を願って

～チェルノブイリ事故被災地救援グッズ～

「チェルノブイリ子ども基金」は1996年から毎年、ウクライナとベラルーシのチェルノブイリ事故被災地の病気の子どもたちのための保養プロジェクトを行っています。一定期間であっても、汚染のない地域で安全な食べ物を食べて過ごす保養は、子どもの健康維持・回復に効果があると評価されています。2022年2月24日ウクライナにロシア軍が侵攻し、私たちが長年支援をしてきたチェルノブイリ被災地に暮らす子どもたちや被害に苦しむ人々は、戦禍により二重の苦しみを負うことになりました。

2023年カレンダーには、これまでの保養に参加した子どもたちの写真を集めています。一日も早く戦争と抑圧下の子どもたちに平和な日常と笑顔が戻るよう願いを込めて作りました。カレンダーの収益は、チェルノブイリと福島の原発事故により被災した子どもたちの救援金にあてられます。

1 2はTVACの満点市場でも購入できます。

1 民族衣装をまとったマトリョーシカのマグネット（後方）とキーホルダー
ひとつひとつ表情が異なる／マグネット高さ約6cm 各500円

ウクライナ・ヘルソン州
子ども保養施設「ドルフィン」にて（2021年）

2 保養プロジェクトに参加した子どもたちの写真で構成している
2023チェルノブイリ37周年救援カレンダー　800円
（写真上）見開きページ／サイズA4（写真下）カレンダー表紙

チェルノブイリ子ども基金

所在地 〒177-0031 東京都練馬区石神井町3-16-15-408
TEL 03-6767-8808　FAX 03-6767-8808
E-mail cherno1986@jcom.zaq.ne.jp
HP http://ccfj.la.coocan.jp/index.html

3 色彩がカラフルなリネンクロス（ベラルーシ製）
サイズ49㎝×70㎝　1枚　800円

2023年度

公益財団法人
ホース未来福祉財団
助成金・奨学金
募集案内

弊財団は、障害を持たれている方々が健康的で明るい社会生活を営んでいくためのハード、ソフト両面からの環境づくりに貢献して参ります。併せて、青少年の健全な育成と一般産業の進展に寄与する支援を行う為に2021年4月に設立いたしました。(2022年3月1日付で東京都から「公益財団法人」として認定を受けました。)

代表理事が障害者を育てた経験が原動力となり、障害をお持ちの方々が健康的で明るい社会生活を営むために、周辺環境の障害を取り除く必要があると考えています。

ソフト面はもちろんですが、実際に生活をしていく中でのハード面での障害が、まだ多く存在しています。様々な形でそう言った環境を整えるためにご努力頂いている方々に対して広く支援を行っていきたいと考えています。

障害者福祉助成金募集概要

1. 募集内容

⑴ 助成総額1,600千円を予定　1件当たり最大400千円
⑵ 助成対象事業・活動
① 障害者の自立及び社会参加に関する活動
② 障害者による又は障害者を対象とする文化事業(スポーツ・研究・出版等)
③ 障害者を対象とするボランティア活動

2. 募集期間　現在募集中

2022年10月1日(土)～2023年1月31日(火)
(当日消印有効)
※締切り日を2022年11月30日から2023年1月31日に延期変更致しました。

3. 選考結果の通知

2023年5月開催予定の選考委員会で決定し、理事会承認後文書にて通知予定
※結果通知を2023年3月開催の選考委員会から5月の選考委員会に変更致しました。

4. その他

応募要件、応募方法については右記のホームページをご確認ください

◀2023年度開催選考委員会の様子

奨学金募集概要

1. 募集概要

東京都所在の大学・専門学校に在学する障害者及び経済的理由で就学困難な者に対し奨学金支給(返済不要)及び指導・助言を行う

2. 募集期間

募集期間は2023年3月中旬から5月初旬を予定。支給額等詳細は追ってホームページに掲載致します。

提出・問合せ先

公益財団法人
ホース未来福祉財団　事務局宛
〒145−0066　東京都大田区南雪谷2−17−8
TEL　03−3720−5800
(携帯)　080−9055−7869
FAX　03−4496−4948
mail　info@horse-fw.or.jp

https://horse-fw.or.jp

ホース未来福祉財団　検索

ISBN978-4-909393-42-5 C2036 ¥364E